NOCES D'OR SACERDOTALES

de

M. le Chanoine H.-E. RAMONET

Archiprêtre de la Basilique Saint-Seurin

de Bordeaux

18 DÉCEMBRE 1925 - 10 JANVIER 1926

BORDEAUX

Imprimerie Nouvelle F. PECH

1926

NOCES D'OR SACERDOTALES

de

M. le Chanoine H.-E. RAMONET

Archiprêtre de la Basilique Saint-Seurin

de Bordeaux

18 DÉCEMBRE 1925 - 10 JANVIER 1926

BORDEAUX
Imprimerie Nouvelle F. PECH
1926

NOCES D'OR SACERDOTALES

DE

M. le Chanoine H.-E. RAMONET

La paroisse Saint-Seurin vient de fêter les Noces d'or sacerdotales de M. le Chanoine Ramonet, son Archiprêtre. Evénement rare, à la vérité. Mais rare surtout, lorsqu'il s'agit d'un jubilaire dans la plénitude de ses forces et de son activité pastorale, et auquel on peut, sans témérité, prédire des Noces de diamant.

Cette solennité a laissé, dans l'esprit et le cœur de tous ceux qui ont eu la joie d'y participer, une impression profonde. Au dire de la plupart, ils n'en virent jamais de plus belle dans la Basilique. Tout, d'ailleurs, concourut excellemment à sa splendeur : la riche et sobre ornementation de l'édifice, le choix des prêtres amis, ainsi que la foule des fidèles accourus de toute part ; le recueillement de l'immense assemblée, la beauté des cérémonies et des chants, l'éloquence des discours prononcés, et jusqu'à ce précieux élément de succès qui ne dépend que de la

Providence : le temps idéal d'une radieuse journée printanière au cœur même de l'hiver.

Mais celui qui ne verrait en tout cela que la célébration d'un pieux anniversaire, si cher fût-il au cœur de tous, ne comprendrait point la portée complète d'une pareille manifestation.

Pour une paroisse telle que Saint-Seurin, où un clergé d'élite, entouré de l'estime et du respect de tous, préside à la prospérité d'œuvres si nombreuses, il était naturel que cette circonstance des Noces d'or fût pour elle l'heureuse occasion de glorifier, en la personne de son Pasteur, le Sacerdoce catholique, dont elle peut, mieux que toute autre, apprécier la grandeur et les bienfaits.

Elle a même tenu à le faire deux fois. En attendant la solennité affranchie des restrictions liturgiques de l'Avent, et destinée surtout à mettre en relief le ministère extérieur de son Archiprêtre, il lui a semblé qu'elle devait commémorer, dans une prière fervente, ces qualités d'esprit et de cœur, connues certes et appréciées de tous, mais dont le charme se révèle davantage à ceux qu'un éloquent orateur appelait « les amis de l'intimité, qui regardent de près et d'en face ».

Et de cette double considération sont nées deux fêtes distinctes : une fête tout intime, dont nul ordonnateur n'a eu à régler le programme, et une fête d'un incomparable éclat, largement conçue et magnifiquement réalisée.

La première eut lieu le 18 décembre, jour exact de l'anniversaire.

A huit heures, sans sonneries extraordinaires, sans convocations spéciales, la Basilique se trouva remplie des amis de M. l'Archiprêtre et de ceux qui participent de plus près à la vie paroissiale. Toutes les Œuvres, toutes les Institutions, toutes les Congrégations religieuses étaient représentées. Dans le sanctuaire, les éléments actifs, au complet, des Comités paroissiaux, entouraient MM. les vicaires et les prêtres auxiliaires qui s'étaient groupés, comme une impressionnante garde d'honneur, au pied de l'autel où officiait M. l'Archiprêtre, tandis que des chants admirablement appropriés à la circonstance s'élevaient, harmonieux, vers le ciel.

Cette première fête des Noces d'or, célébrée à la veille de la Noël, fut comme une évocation de l'ineffable mystère de Bethléem, dont elle reproduisait la scène attendrissante, la sélection des témoins appelés, leur pieuse allégresse, et la suavité des chœurs angéliques rendant gloire à Dieu et promettant aux hommes la douceur de la paix.

D'un tout autre caractère devait être la grande manifestation du 10 janvier, à laquelle il ne manqua rien pour être en complète harmonie avec la solennité de l'Epiphanie, célébrée précisément ce jour-là. Rien, pas même des présents royaux, sous la forme de splendides ornements en satin ivoire, brodé d'or fin, véritable œuvre d'art de la Maison Nouvellet, de Lyon, offerts par souscription paroissiale, en témoignage d'affection et de reconnaissance, au vénérable jubilaire.

LA MESSE DE HUIT HEURES

....

La première cérémonie de la journée des Noces d'or fut la messe de huit heures, au cours de laquelle M. l'Archiprêtre prononça, avec une émotion communicative, l'allocution suivante :

Allocution de M. l'Archiprêtre

Gratia Deo super inenarrabili dono ejus.
Grâces soient rendues à Dieu pour son ineffable don.
(2 Cor., IX, 15.)

MES BIEN CHERS FRÈRES,

Quelque lourdes que doivent être les fatigues prévues de la journée, je ne puis m'empêcher de traduire, du haut de la chaire, le double sentiment qui remplit mon cœur.

Peut-être cette allocution eût-elle été mieux placée au cours de la messe de dix heures, où sera inauguré, dans toute sa splendeur, le magnifique ornement que je devrai à votre pieuse libéralité. Mais, outre qu'il ne nous a pas paru opportun d'allonger ainsi un office très solennellement chanté, l'auditoire de huit heures, cet auditoire associé tous les dimanches au sacrifice que j'offre, en union avec lui, pour la paroisse entière, m'est trop familier et trop cher, pour ne pas le choisir comme confident de ma profonde confusion -- et de ma radieuse fierté.

I

La confusion ne vient pas, veuillez le croire, de l'appareil de fête dont je parais être et dont je suis, jusqu'à un certain point, l'objet et le centre. S'il y a dans les hommages qui m'entourent un témoignage de sympathie, -- et je le constate avec joie, -- il y a aussi et surtout une manifestation de foi, une affirmation de la haute estime que vous inspire le caractère sacerdotal dont je suis revêtu; et c'est là précisément le sujet de ma juste confusion : je suis prêtre, prêtre comme Jésus-Christ, prêtre pour l'éternité.

Rappelez-vous le sublime banquet qu'offrit Notre-Seigneur aux apôtres, la veille de sa Passion. Il rendit grâces à son Père, prit du pain entre ses mains saintes et vénérables, le bénit, le rompit et le donna à ses disciples en disant : « Prenez et mangez, car ceci est mon Corps ». Le vin contenu dans le calice devint de la même façon le sang d'un Dieu et le breuvage des âmes. Puis Jésus se leva et sortit. Mais il avait dit auparavant : « Faites cela en mémoire de moi ».

Et voici qu'un homme ose bien rentrer en maître au cénacle déserté et s'asseoir à la place du Sauveur. Qui donc est-il? Ce n'est pas un profanateur, car il est conduit par la Vierge Marie elle-même; ses mains sont ointes d'une huile mystérieuse qui leur donne une étrange beauté; une foule pieuse lui fait cortège, aussi recueillie que les convives de la première Cène. Lui aussi, il prend du pain et le bénit; lui aussi, il se penche sur un calice empli de vin; lui aussi il prononce d'une voix grave les mots terribles, tant ils sont saints : « *Ceci est mon Corps, ceci est mon Sang* »; et sous l'œil ravi des anges et des hommes, il produit le corps et le sang de

Jésus-Christ et les donne aux lèvres avides qui s'offrent à sa main. Qui donc est-il encore une fois? Il n'est pas le Verbe incréé, lui : vingt-cinq ans à peine le séparent du néant. Il n'est pas le fils d'une Vierge immaculée, bien qu'il l'appelle sa Mère : il a reçu, avec la vie, un héritage de péché, accru chaque jour de ses fautes personnelles. C'est un pécheur, mais c'est un prêtre; c'est moi, c'est vous, mes vénérés confrères, dont la pensée s'incline avec la mienne sous le poids du formidable honneur qui nous a été dévolu, et dont le cœur attendri et humilié redit tout bas avec moi : « *Gratias Deo!...* Grâces soient rendues à Dieu pour son ineffable don! »

II

Mais non, je relève la tête et regarde avec assurance et le ciel et la terre. Sans aucun mérite de ma part, j'en conviens; malgré mon indignité, je l'avoue, j'ai été ordonné prêtre, mais je le suis. Je le suis depuis cinquante ans, je le suis comme Jésus-Christ, je puis répéter ce qu'il a fait; et mon sacrifice, aussi efficace que le sien, puisqu'il lui est identique, peut, comme le sien, inonder l'autel d'un sang répandu pour vous et pour beaucoup d'autres, *pro vobis et pro multis*, et assurer la rémission de vos péchés, *in remissionem peccatorum*. Comment n'en pas ressentir une sainte fierté et quel audacieux espoir me sera interdit?

Soyez donc présents en ce jour, de fait ou d'intention, convoqués par l'amitié ou évoqués par le souvenir, vous tous que la Providence a mis sur mon chemin : parents chrétiens dont les exemples furent la meilleure leçon de ma jeunesse; prêtres fervents qui m'avez montré jadis le chemin de l'autel, ou qui renouvelez aujourd'hui la blancheur de ma robe sacerdotale; collaborateurs dévoués de mon ministère, qui êtes pour moi des fils plus que des amis; jeunes gens, devenus des hommes, auxquels j'ai donné, dans l'enseignement, quinze ans de dur, mais joyeux labeur; jeunes filles, aujourd'hui consacrées à Dieu ou mères de famille modèles, dont la part se chiffre par seize années qui comptent parmi les plus heureuses de ma vie; saintes âmes qui m'édifiez jusque dans l'aveu de vos fautes; pécheurs que j'ai réconciliés avec Dieu ou assistés à leurs derniers moments; amis fidèles qui avez partagé avec moi les bons et mauvais jours, et vous aussi que j'ai contristés parfois sans le savoir, toujours sans le vouloir; vous que les hasards de la vie ont emportés par delà les mers ou les monts; vous enfin, qui, parvenus au terme provisoire d'un plus long voyage, mêlez à nos chants de fête les accents plaintifs du Purgatoire; tous, aussi nombreux que vous soyez, vous serez à l'aise sur ma patène, vous flotterez dans mon calice. Car, si nombreux que vous soyez, vous tenez moins de place que l'Immense; si variées que soient vos demandes, vous n'épuiserez pas la richesse de l'Infini. Et l'Immense est dans la coupe du sacrifice, et l'Infini se répète dans chaque hostie. Et, quand vous serez tous rassasiés ou enrichis, la vertu du sacrifice de Jésus, accompli par son prêtre, sera encore assez puissante pour envoyer au Ciel l'incomparable hommage qui fait sourire ineffablement la Vierge Marie, le suprême hommage qui glorifie l'adorable Trinité.

Et voilà pourquoi, heureux de posséder dans mon sacerdoce le moyen de faire du bien à tous ceux que j'aime, et plus encore que je ne les aime, le moyen de procurer à Dieu une gloire vraiment digne de Dieu, je m'écrie aujourd'hui et j'espère redire avec vous dans les fêtes de l'éternité : « *Gratias Deo super inenarrabili dono ejus!* »

La messe se poursuivit ensuite dans le plus grand recueillement, et les communions y furent particulièrement nombreuses : affectueuse réponse des fidèles à la paternelle éloquence de leur pasteur.

En dehors de cette messe de dévotion, le programme de la fête comportait la grand'messe en musique, à dix heures, un banquet à midi, et les vêpres solennelles à trois heures et demie.

Nous allons relater brièvement les particularités de ces diverses manifestations.

LA GRAND'MESSE

Bien avant l'heure de la grand'messe, il était difficile de pénétrer dans la Basilique, tant la foule déjà s'y pressait nombreuse. La décoration intérieure, tout en respectant le noble caractère de l'édifice, lui donnait un air de joyeuse solennité : des draperies pourpres ornaient tous les piliers, des lampes électriques couronnaient les chapiteaux et dessinaient le portique de la tribune. Des plantes, des fleurs et des épis d'or avaient été disposés avec art dans le sanctuaire et la nef, par les soins de la maison Marguery.

A dix heures, au son des grandes orgues tenues par M. Doney, le cortège qui doit conduire M. le Chanoine Ramonet à l'autel sort de la salle des catéchismes. Un nombreux clergé y figure. Les fidèles sont heureux de reconnaître les anciens vicaires qui furent les collaborateurs de M. l'Archiprêtre : M. l'abbé Depont, curé-doyen de Langon, M. l'abbé Lavaud, curé-doyen de Notre-Dame d'Arcachon, M. l'abbé Ferbos, curé de Cérons, M. l'abbé Pellot, curé des Lèves, M. l'abbé Capgras, curé du Teich, M. l'abbé Couderc, aumônier du Refuge de Nazareth, auxquels s'étaient joints M. l'abbé Séverac, professeur au Grand Séminaire, ancien élève du Collège Sainte-Marie de Saint-André-de-Cubzac, et le R. P. Tibeauts, de la Congrégation du Saint-Rédempteur.

M. le Chanoine Ramonet et ses assistants, MM. Ferbos et Couderc, sont revêtus des magnifiques ornements offerts par la paroisse à l'occasion des Noces d'or.

La Schola Severina exécute, sous la direction de M. l'abbé Moureau, maitre de chapelle, la messe à trois voix en *la*, de César Franck, avec accompagnement d'orgue par M. Dorléac, de piano et de quatuor à cordes.

La Schola, dans l'impeccable interprétation de cette œuvre magistrale, resta à la hauteur de sa réputation.

A l'Évangile, M. l'abbé Le Barazer, montant en chaire, présenta à M. l'Archiprêtre le filial hommage des vicaires de la paroisse, et, d'une voix dont l'accent pénétrait l'auditoire, donna lecture de la belle lettre adressée par S. E. le Cardinal Andrieu à M. le Chanoine Ramonet; on en trouvera, ci-après, le texte intégral. Le moins qu'on puisse dire de cet éloquent éloge, c'est qu'il a été ratifié d'enthousiasme par la paroisse tout entière.

Elle a de même applaudi sans réserve au télégramme de S. S. Pie XI envoyant au jubilaire une bénédiction toute spéciale.

Le chant du *Te Deum*, avec une harmonisation nouvelle due à l'inspiration de M. l'abbé Moureau et répons du grand orgue, termina superbement cette grandiose cérémonie.

Lettre de S. E. le Cardinal-Archevêque de Bordeaux

à M. le Chanoine RAMONET

Curé-Archiprêtre de Saint-Seurin

à l'occasion de son Jubilé sacerdotal

ARCHEVÊCHÉ
de
BORDEAUX

Bordeaux, le 8 janvier 1926.

CHER MONSIEUR L'ARCHIPRÊTRE,

Le dimanche 10 janvier, à l'occasion de vos Noces d'or sacerdotales, les actions de grâces monteront vers le ciel de toutes les âmes qui ont contracté envers vous quelque dette, et je viens vous promettre de ne pas faire note discordante dans ce magnifique concert de reconnaissance. Ne suis-je pas obligé plus que tout autre de me souvenir de ce que vous doit le grand et beau diocèse dont la divine Providence m'a constitué le pasteur et le père.

A vous aussi le Maître de la parabole évangélique a confié des talents, de riches talents, et vous les avez fait valoir.

Vous les avez fait valoir, jeune encore, au collège de Saint-André-de-Cubzac, dont vous fûtes un des élèves les plus brillants.

Vous les avez fait valoir au Grand Séminaire de Bordeaux où l'on n'a pas oublié vos remarquables succès dans les études de philosophie et de théologie.

Vous les avez fait valoir au collège de Saint-André-de-

Cubzac, quand vous y êtes revenu en qualité de professeur, et vous y avez enseigné la littérature et la philosophie avec une telle maîtrise, que le temps de votre professorat fut, au témoignage des contemporains, l'âge d'or de cette école catholique.

Vous les avez fait valoir au pensionnat de l'Assomption où les maîtresses et les élèves apprécièrent si bien, et elles le montrent encore, votre manière d'exposer la doctrine catholique et votre manière de diriger les âmes dans les voies du salut et de la perfection.

Vous les avez fait valoir au Chapitre de l'église primatiale, comme l'avait annoncé, dans une harangue aussi spirituelle que prophétique, le vénérable vicaire général chargé de vous souhaiter la bienvenue, au nom du corps capitulaire.

Vous les avez fait valoir dans cette belle et chrétienne paroisse de Saint-Seurin dont je suis heureux et fier de vous avoir confié la direction, quand elle devint vacante par le décès du regretté et distingué chanoine Pailhès. Il y aura bientôt seize ans que votre famille paroissiale vous voit à l'œuvre et elle vous applique sans effort la parole de nos saints Livres : *Ego autem, sicut oliva fructifera in domo Dei*. Je suis comme l'olivier qui porte des fruits dans la maison du Seigneur.

Votre vie sacerdotale a été féconde à un double point de vue. Vous avez engendré le Christ sur l'autel, à l'état eucharistique, non pas de temps à autre, mais tous les jours pendant un demi-siècle. Quelle glorieuse et sublime prérogative! Aussi un fervent adorateur de Jésus-Hostie, que l'Eglise vient de placer définitivement sur les autels, a pu écrire : « Le saint sacrifice de la messe est quelque chose de si grand qu'il faudrait trois éternités pour l'offrir dignement : la première pour s'y préparer, la seconde pour le célébrer, la troisième pour en rendre de justes actions de grâces ».

Mais le prêtre, médiateur entre Dieu et les hommes, n'a pas le droit de jouir de Dieu en égoïste. Après avoir engendré le Christ sur l'autel, vous l'avez engendré dans les âmes, et vous le leur avez communiqué tel que le fruit de l'olivier le symbolise; vous le leur avez communiqué comme lumière par votre enseignement si doctrinal et si français; comme nourriture, par votre zèle actif et ingénieux à promouvoir le culte de l'Eucharistie; comme remède, par la charité inlassable avec laquelle vous accueillez au confessionnal les blessés de la vie; comme force, par les œuvres scolaires et postscolaires, qui maintiennent au cœur des jeunes le courage de porter haut et fier le drapeau des principes de l'Evangile, les seuls qui ne font pas banqueroute et qui mettent les sociétés humaines à l'abri du chaos des révolutions.

Après avoir salué l'olivier avec les fruits d'honneur et de justice qui le décorent, il est naturel de se tourner vers l'agriculteur divin qui, du fond de son tabernacle, donne l'accroissement à toutes choses, et, en le remerciant d'avoir pénétré d'une sève si féconde votre vie sacerdotale, nous lui demanderons, par l'entremise de la Vierge-prêtre, de la Médiatrice universelle de toutes les grâces, de vous donner encore, de vous donner beaucoup, de vous donner longtemps, assez longtemps pour que vous ayez la joie de voir enfin triompher du laïcisme intégral et du libéralisme, son fidèle complice, toutes les causes qui nous sont chères et dont vous êtes, dans notre Ligue d'action et de défense catholique, un des champions les plus intrépides.

Toute fête jubilaire se clôt par des vœux, et puisque le temps est la seule chose dont il faille se préoccuper pour vous, je résume les miens dans la formule traditionnelle : *ad multos annos!* Oui, beaucoup d'années de la part de cette famille paroissiale de Saint-Seurin qui vous est redevable à bien des titres, car vous êtes pour elle un vrai père, et qui se félicite de pouvoir, dimanche, acquitter sa dette ou tout au moins la reconnaître.

Beaucoup d'années, de la part de cette famille sacerdotale de Bordeaux à laquelle vous avez toujours montré, par l'exemple comme par la parole, l'idéal à poursuivre, et qui ne lirait pas sans profit et sans fierté l'histoire de ce que les deux grandes amours du prêtre : l'amour de Dieu et l'amour des âmes, vous ont inspiré durant un demi-siècle.

Beaucoup d'années, enfin, de la part de celui qui préside aux destinées de ce diocèse et qui, après vous avoir remercié de tout ce que vous avez été pour lui dans les divers ministères confiés à votre sollicitude, vous renouvelle, cher Monsieur l'Archiprêtre, d'un cœur tout embaumé des souvenirs de votre sacerdoce, l'hommage de ses sentiments respectueux et paternels en N.-S.

† PAULIN, Cardinal ANDRIEU,
Archevêque de Bordeaux.

LES VÊPRES

L'affluence de la messe de dix heures s'est retrouvée encore accrue, s'il est possible, aux vêpres chantées à trois heures et demie.

M. le Chanoine Ramonet officie, assisté de M. l'abbé Depont et de M. l'abbé Lavaud. Sont aussi présents à la cérémonie : M. le Chanoine Giraudin, vicaire général, représentant S. E. le Cardinal-Archevêque de Bordeaux; M. le Chanoine Cartau, archiprêtre de la Primatiale Saint-André; M. le Chanoine Lelièvre; M. le Chanoine Charrier, supérieur de l'ancien Collège Sainte-Marie de Saint-André-de-Cubzac, aujourd'hui Sainte-Marie du Bouscat; le R. P. Cathalan, de la Compagnie de Jésus; le R. P. Cassagnavére, des Fréres Prêcheurs; le R. P. Michel Pruvost, des Augustins de l'Assomption; M. l'abbé Lamothe, aumônier des Filles de Notre-Dame, de nombreux prêtres et représentants des Ordres religieux.

Dans le sanctuaire ont pris place les membres des Comités d'Action et de Défense catholique et de la Société de Saint-Vincent de Paul. Le Conseil paroissial occupe le banc d'œuvre.

Les psaumes sont chantés en faux-bourdons par la Schola; les répons sont faits dans la nef, par un chœur de jeunes filles aux voix fraîches et parfaitement exercées.

Avant le sermon, est exécutée une cantate à deux voix égales de Mendelssohn, d'une délicieuse expression.

Le sermon est donné par M. l'abbé Guiet, ancien curé de Notre-Dame des Anges, nommé, depuis, chanoine titulaire de la Primatiale. Dans une forme impeccable, l'orateur déroule un magnifique tableau du Sacerdoce catholique, en exaltant le pouvoir du prêtre, sur Jésus-Christ d'abord, et ensuite, sur les âmes. Il fait, de cet exposé doctrinal, une heureuse adaptation aux vertus et aux mérites du vénérable Archiprêtre de Saint-Seurin.

M. le Chanoine Ramonet, très ému, adresse des remerciements chaleureux à l'éloquent orateur, puis à tous ceux qui ont contribué à l'organisation de cette splendide journée. A ses vicaires d'abord, MM. les abbés Le Barazer, Moureau et Dufau, dont la collaboration lui est si chère, et à tous les éléments paroissiaux qui lui ont apporté, avec leurs prières, l'expression de leur affectueux dévouement.

Avant le Salut du Très Saint-Sacrement, la Schola Severina chanta, de façon magistrale, un chœur triomphal, à quatre voix mixtes, de Mendelssohn, avec paroles appropriées à la solennité des Noces d'or. Elle exécuta ensuite, toujours à quatre voix, l'*Ave Verum* de Leclerc, l'*Ave Maria* de Vittoria et le *Tantum ergo*, choral de Bach.

Enfin, la cérémonie se termina sur l'*Alleluia* de Haendel, qui remplit les vieilles voûtes de la Basilique de sonorités dont elle n'avait jamais si magnifiquement retenti.

Après les vêpres, en un long et impressionnant défilé, M. le Chanoine Ramonet reçut à la sacristie les félicitations et les vœux des représentants des diverses œuvres, des fidèles de la paroisse et de ses amis accourus de toute part pour s'associer à sa joie si complète et si légitime.

Discours de M. le Chanoine Guiet

Pervigilant quasi rationem pro animabus vestris reddituri.
Vos pasteurs veillent sur vos âmes comme devant en rendre compte.
(Hebr., XIII, 17.)

Je l'ai pressenti, mes frères, un rapprochement devait aujourd'hui se présenter à ma pensée, entre le spectacle offert par l'allégresse de cette paroisse et un autre spectacle, dont furent témoins et acteurs nos lointains ancêtres.

Il y a quelque quinze siècles environ, arrivait du pays germain, sur l'appel de Dieu, le saint Pontife dont votre Basilique a l'honneur de porter le vocable. Et alors, nous disent les hymnes joyeuses de son office, ce fut comme un soulèvement pacifique et fervent. « *Sancta res cunctos vocat ecce cives... Advenit Pastor* » : voici qu'un fait auguste rassemble tous les enfants de la cité... Un pasteur fait son apparition.

Saint Seurin venait, pour un temps, suppléer saint Amand dans la charge épiscopale. Et une joie frémissante accueillait l'envoyé de Dieu.

Gardons-nous, si l'on y tient, d'établir une parité exacte entre l'intronisation de l'illustre évêque et le Jubilé du prêtre qui exerce de nos jours le ministère sacré sous son patronage. On m'accordera toutefois que l'allégresse d'alors et celle de l'heure présente sont de même nature et s'inspirent de motifs assez semblables. Je dirai même que, pour qui se bornerait à estimer le nombre des manifestants, l'équivalence est vraisemblable. Car le Bordeaux de l'époque ne comptait peut-être pas plus de fidèles que n'en compte aujourd'hui cette vaste et très belle paroisse.

Mais l'élite qui se presse actuellement sous les voûtes du temple saint, qui représente tant de familles dont les cœurs lui sont unis d'intention, j'en suis sûr, que va-t-elle entendre ce soir? Hélas! Non pas la voix irrésistible du Pontife de jadis; non pas un de ces discours de son vénéré jubilaire, dont elle goûte si justement la pénétrante distinction, mais seulement la parole d'un prédicateur de bonne volonté, qui ne se méprend pas sur les difficultés de sa tâche. Car il doit s'abstenir d'esquisser un panégyrique, inopportun et réprouvé d'avance par celui qui en serait l'objet. Et il ne voudrait pas, d'autre part, passer parmi ce peuple pieux sans lui avoir rappelé quelques-unes des réalités sublimes et salutaires auxquelles fait penser le jubilé d'un prêtre de Jésus-Christ.

C'est pourquoi, mes frères, vous voudrez bien écouter les considérations simples, nécessairement incomplètes, que je vous propose, sur ce double aspect de la dignité sacerdotale : pouvoir du prêtre sur Jésus-Christ, pouvoir du prêtre sur les âmes.

I

Pouvoir du prêtre sur Jésus-Christ! Pouvoir d'une créature sur le Verbe divin fait homme! Les mystérieux desseins de la Providence ont voulu que de tels énoncés, au lieu de n'être que témérité sacrilège, fussent l'expression véridique d'un fait quotidien.

C'est que, mes frères, l'œuvre du Christ Pontife et Rédempteur ne fut point l'œuvre d'un passant magnifique, qui, sa mission terrestre consommée, n'en laisserait après lui que le souvenir à jamais émouvant, mais aussi fatalement périssable. Il voulait, il devait se survivre, pour dispenser visiblement à toutes les générations l'inépuisable trésor de la vie surnaturelle, par Lui retrouvée.

Et si la perpétuité de son sacerdoce s'affirme dans le ciel, où Il est, pour un jour sans lendemain, Hostie glorieuse de louange, de médiation propitiatoire, d'intercession à toute heure suppliante, l'amour des siens demandait qu'il fût aussi tout cela sur la terre; aujourd'hui comme hier, demain comme aujourd'hui, et jusqu'aux limites les plus reculées du monde habité.

Or, son dessein de sublime dilection, comment le faire aboutir, dès que sa présence corporelle cessait ici-bas avec l'heure radieuse de son Ascension? Il ne le pouvait que par des représentants en qui Il revivrait, par ses prêtres en un mot.

Que ceux d'entre vous, mes frères, — et ils sont nombreux sans doute, — qui ont assisté à une ordination sacerdotale, se souviennent de ce qu'ils ont vu. Qu'ils se souviennent, non pas seulement de la minute émouvante où la prostration des ordinands fait courir un frisson dans l'assistance, mais surtout de ce qui, pour être plus spirituel, n'en est que plus digne de Dieu et de l'action intime qu'il vient exercer. Qu'ils se souviennent de la prière solennelle du prélat en fonction, demandant à Dieu que soient « bénis, sanctifiés et consacrés » les élus du Seigneur. Ils l'ont vu leur imposer les mains et, après lui, le Collège sacerdotal présent accomplir le même rite. Tous, ensuite, avec une gravité majestueuse, la main droite entre ciel et terre, s'associaient en silence à la voix de l'évêque achevant l'oraison sacrée. C'est l'opération divine qui s'effectue. Encore quelques cérémonies complémentaires, pour en parfaire l'intégrité, et voilà le prêtre revêtu de son caractère, investi de sa mission surnaturelle, comme jadis, à Nazareth, la maternité virginale de Marie lui fut départie et assurée par la garantie angélique. « *Spiritus sanctus superveniet in te.* L'Esprit-Saint surviendra en toi. »

Sceptiques et mécréants, juges superficiels et à courtes vues se plairont bien encore à prononcer, ainsi qu'ils en aiment l'habitude, que le prêtre est un homme comme les autres. Eh! oui. Il appartient à la terre, il se meut dans le commerce de ses semblables, il vit de leur vie journalière. Il n'a point à s'affranchir des usages et conventions respectables de la communauté humaine.

Mais vous, mes frères, qui possédez les certitudes de la foi et, par elles, atteignez le réel au delà des simples apparences, reconnaissez la grandeur surhumaine de cet homme. Demain il montera à l'autel. Pendant une longue vie, quarante ans, soixante ans peut-être, chaque jour encore il en gravira les degrés. Et chaque jour, l'autorité de sa parole appellera sur cet autel le Christ Jésus, pour le faire naître, là, dans son état sacramentel, victime mystique, mais victime toujours véritable et toujours immolée, ainsi qu'en témoignent, pour nos sens, les caractéristiques mystérieuses de sa vie eucharistique.

Oui, voilà ce que peut cet homme sur la divine humanité du Seigneur. Il la reproduit. Il en prolonge la présence et l'intercession; réplique bénie, toujours féconde, de la supplication du même Seigneur, à la droite du Père céleste.

On dira — et nul ne le doit oublier — que le Prêtre souverain est sans doute Jésus, parlant et agissant par son représentant. Mais telle est la vertu sacerdotale de ce représentant que, s'il se taisait et laissait l'autel désert, la terre désolée n'aurait plus ni sacrement, ni sacrifice. Et ce serait le vide immense, le vide de l'absence du Christ, présage des abandons et des malédictions suprêmes.

Ce qu'il peut sur Jésus, cet élu consacré, on l'a assez hautement apprécié pour dire qu'il y a assimilation possible entre sa parole et le Verbe de Dieu créant la lumière; entre l'efficacité de son intervention sacerdotale et celle de l'acquiescement virginal de Marie : « *Fiat mihi secundum verbum tuum* », à la suite de quoi le Fils de Dieu s'incarnait dans notre humanité mortelle.

Ce que peut enfin sur le Christ son ministre temporel, je le dirai, sans y insister plus longuement; c'est qu'il dispose de Lui et le donne à ses frères. Non content de l'engendrer dans les âmes, par la prédication de la vérité chrétienne, il fait de lui leur aliment céleste. Et l'enfance innocente, et l'âge adulte, vertueux ou relevé par le pardon; et le malade, à la veille du grand départ; tous lui doivent l'ineffable bienfait de l'union avec le Dieu que seule sa main a le droit de leur distribuer sous les voiles eucharistiques.

II

Du pouvoir du prêtre sur les âmes quelle idée retiendrons-nous?

Ces expressions sévères, pouvoir, puissance, font penser premièrement à l'autorité. Or, en effet, le caractère sacerdotal confère une autorité spirituelle, qui ne permet pas d'oublier l'assertion formelle de Notre-Seigneur : « Qui vous écoute m'écoute ». Il appartient donc au prêtre, constitué guide et pasteur des âmes, de leur dire la doctrine qui sollicite et éclaire la foi, de les maintenir dans la voie droite, de les reprendre, si elles méconnaissent la loi de Dieu.

Cependant j'aime mieux envisager le pouvoir du prêtre en relation avec cette douce parole du Christ, résumant le but essentiel de sa mission : « Le Fils de l'homme est venu chercher et sauver ce qui avait péri ».

Comme son Chef divin, le prêtre cherche et poursuit le salut des âmes. C'est que, mieux que d'autres, il sait quel est leur prix et de quelle responsabilité Dieu l'a investi, en lui confiant leurs intérêts. Ces créatures de Dieu, qui gardent la ressemblance, dégradée, hélas! mais indélébile, avec leur Auteur; ces âmes dont le sang rédempteur de Jésus a payé la régénération surnaturelle; ces âmes, dont le destin suprême est de parvenir à la possession de Celui qui est leur fin bienheureuse, comme il fut leur principe vivifiant; le prêtre possède le pouvoir de les donner à Dieu, de les lui rendre, si elles se sont égarées, de les gratifier enfin de la pureté reconquise, qui est la condition d'une mort ouvrant les portes du ciel.

« Enfant de colère », ainsi que parle l'Ecriture, parce que sa nature est souillée, le nouveau-né est présenté au prêtre. Le prêtre le baptise; et la vertu divine du sacrement agrège à la famille de Jésus le précieux objet des tendresses maternelles. Si la mort brutale remporte sur sa fragilité une facile victoire, ce ne sera que pour lui ouvrir la patrie des anges. On le pleurera certes. On se dira aussi, avec une apaisante certitude, qu'il porte à jamais, au pied du trône de Dieu, la parure intacte de son innocence.

Mais j'ai mieux à vous dire, mes frères; car, si le prêtre exerce sur les âmes un pouvoir admirable plus que tous les autres, n'est-ce pas celui dont l'investit son ordination à l'égard de celles qui sont devenues volontairement coupables?

Vous n'avez pu oublier, mes frères, ces tableaux émouvants, immortalisés par l'Evangile, ces rencontres de la miséricorde et du repentir, où le pécheur le plus criminel trouvera toujours d'irrésistibles motifs de confiance. C'est le prodigue, avili de corps et d'âme jusqu'à la plus lamentable déchéance. C'est la pécheresse fameuse, Madeleine, la femme sans aveu. C'est l'apôtre parjure et rénégat. C'est le malfaiteur insigne, que sa scélératesse a conduit au gibet.

Ah! Seigneur, de ces rebuts, de ces indignes, sur qui pesait la menace des rigueurs de votre équité, qu'a donc fait votre pitié rédemptrice? Vos pleurs, — car le père c'est vous! — vos pleurs ont coulé avec ceux du fils repentant, alors que vous lui rendiez et ses droits et sa place d'honneur au foyer. Et la pécheresse trop fameuse est devenue la sainte aux pures ardeurs séraphiques. Et Pierre a été un autre vous-même, portant toute sa vie en soi la flamme d'un amour réparateur, ardent jusqu'au martyre. Au scélérat enfin, crucifié avec vous, le ciel s'ouvrit sur l'heure, parce qu'il s'était repenti en vous voyant souffrir.

Mes frères, tous les jours, avec un éclat moins dramatique, mais avec une efficacité non moins décisive, elles se renouvellent, ces rencontres de la miséricorde et du repentir. C'est dans le tête-à-tête de la confession. Voyez, ici, dans l'humble posture de l'accusé qui dévoile lui-même les chefs de sa culpabilité, tel pécheur que vous imaginerez : l'impie endurci, le blasphémateur public, le débauché perdu dans sa fange, le méchant pervers, dont les actes et les propos ont encouru la plus légitime réprobation, et n'importe quel autre encore. S'il est jugé contrit, une sentence divine va l'absoudre, va fermer toutes les blessures de cette âme, par lesquelles s'était échappée, appauvrie jusqu'à en mourir, la vie de la grâce.

Sentence divine, mes frères. Mais qui donc la prononce? Qui délie ainsi les âmes des entraves de la mort, pour les rendre à l'amitié vivifiante de leur Dieu? C'est un homme. C'est le prêtre, confondu lui-même de la sublimité de son pouvoir. Le prêtre qui dit : « Je t'absous », sûr d'une autorité judiciaire, dont le Seigneur s'est engagé à ratifier les décisions. Le prêtre enfin, qui goûte les plus pures joies de son ministère en ces heures bénies, où il éclaire, redresse, console les pécheurs, avant de leur dire : le pardon vous est acquis; allez en paix.

Et comment caractériser ces joies pénétrantes, lorsque Dieu les lui procure auprès d'un lit d'agonie? et que, là, dans le conflit décisif où s'affrontent les appels de la miséricorde et les suggestions de l'impénitence ou du désespoir, le prêtre peut signer, au nom, pour la gloire de son Maître, un bulletin de victoire. Car il a vaincu l'ennemi infernal. Et le trophée de sa victoire, c'est un élu de plus, qu'il vient d'acheminer vers le Juge que le repentir ne trouve jamais inclément.

Sur un si magnifique sujet, mes frères, je n'irai pas plus avant. Il me semblait seulement qu'un jubilé sacerdotal justifierait l'opportunité des quelques considérations que vous avez entendues.

En ce qui le concerne personnellement, lorsque le ministre du Seigneur les développe en public, il ne peut que ressentir plus vivement ce que ses méditations lui ont rendu familier, et l'excellence de sa dignité et le poids redoutable de ses responsabilités. Car, s'il jouit de prérogatives plus qu'humaines, il ne se reconnaît pas, sans appréhension, comptable au Tribunal de Dieu des âmes qui lui sont confiées. « *Pro animabus vestris rationem reddituri.* »

La Providence permet aussi au pasteur de goûter des encouragements et des consolations. Et il les trouve, en particulier, dans l'estime, dans l'attachement, dans la reconnaissance, dont la famille paroissiale lui décerne l'hommage; dans des manifestations mémorables, comme celle dont cette journée marque le splendide couronnement.

De tout cela, mes frères, il convient que l'on vous félicite avec chaleur, vous tous, qui, dans un joyeux élan, avez répondu à l'appel de votre clergé, promoteur empressé et affectueux de ce cinquantenaire sacerdotal.

Cher Monsieur l'Archiprêtre, vous n'avez pas voulu que votre personne occupât le cours de cet entretien. J'ai obéi. Cependant les fidèles de votre paroisse jugeraient, à bon droit, excessive une discrétion prenant les apparences d'un oubli. Qu'attendent-ils de moi? Ceci, au moins : que ma voix traduise, au nom de tous, ce que chacun d'eux se plaît à penser dans le silence obligé du saint Lieu : les sympathies et les félicitations respectueuses dont ils accompagnent votre jubilé sacerdotal.

Ils se disent aussi, avec une pieuse fierté, que, si l'on a esquissé devant eux le portrait du ministre de Jésus-Christ, leur Pasteur ne fut jamais rien autre — et quel discours pourrait égaler cet éloge? — qu'une vivante apologie du caractère sacré dont il est revêtu.

De lui, comme du Patron de cette église, ils n'hésiteraient pas à donner cette juste et flatteuse définition.

« *Pastor est curâ, Pater est amore,*
» *Voce Magister...* »

Sa sollicitude est celle d'un pasteur; son amour pour ses brebis est celui d'un père et son enseignement est celui d'un maître.

Tel est, après plus de quinze années, que compte ici votre ministère, l'unanime sentiment de vos paroissiens, cher Monsieur l'Archiprêtre. C'est pourquoi ils pensent au lendemain de ce passé, qui leur apprit à vous entourer d'une si haute estime. Ils demandent à Dieu d'allonger encore généreusement la chaîne de vos années, en même temps que s'accroîtra la somme de vos mérites. — Et l'amitié du prédicateur se plaît à faire sien le vœu de cette assemblée.

Aujourd'hui, comme il y a vingt-cinq ans, il se félicite et se tient pour honoré d'avoir eu sa part dans les cérémonies d'un si émouvant anniversaire. Nous fêtions alors, dans la chapelle encore modeste de l'Assomption, le premier quart de siècle révolu depuis votre ordination. Et voilà que Dieu nous a permis de nous retrouver, dans l'allégresse du demi-siècle accompli.

Soumis d'avance à ses impénétrables prévisions, quelles qu'elles soient, nous ne saurions que Le bénir avec une forme nouvelle, si, dans dix ans, un autre jubilé venait réjouir le soir de votre vie militante, en attendant le jubilé éternel de la Jérusalem triomphante.

Remerciements de M. l'Archiprêtre

Mes bien chers Frères,

Avant de monter à l'autel, pour vous donner au nom de Notre-Seigneur, et avec Notre-Seigneur lui-même, la bénédiction suprême qui couronnera cette inoubliable journée, je tiens à vous remercier de tout ce que vous avez fait pour honorer en ma personne le sacerdoce de Jésus, Souverain Prêtre.

Car telle était bien votre intention, n'est-il pas vrai? Et

encore que l'indulgente amitié de mon excellent confrère m'ait attribué une somme de mérites à laquelle je ne pourrais loyalement souscrire, je lui sais gré d'avoir surtout employé son beau talent d'orateur à glorifier Celui qui, en instituant l'Eucharistie et le sacerdoce, marqua d'un doigt prophétique ce coin privilégié de la terre bordelaise où devait s'inaugurer, à l'aurore même du christianisme, et se poursuivre ensuite sans interruption, le ministère sacerdotal.

Ah! mes bien chers frères, vous jouissez en Aquitaine, en France et même à l'étranger, d'une réputation qui vous classe au premier rang des meilleures paroisses; et votre heureux curé excite la pieuse envie de ses confrères moins favorisés.. Cependant, je me suis demandé parfois si vous donniez vraiment à Notre-Seigneur tout ce qu'il attend de vous, et si la floraison de vos vertus répondait au labeur apostolique qui, pendant tant de siècles, a cultivé vos sillons par la main de tant d'évêques et de tant de pasteurs, se transmettant, avec la houlette, le mot d'ordre d'une sollicitude sans relâche pour la sanctification des âmes, le soulagement des misères spirituelles et corporelles et la splendeur du culte dans la Baslique. Eh bien! oui, j'ose le dire aujourd'hui, vous êtes dignes de vos aïeux; et, en faisant la part des inévitables inperfections attachées à la faiblesse humaine, vous êtes ce troupeau choisi où le divin Pasteur se plaît à murmurer le nom des innombrables brebis qui le connaissent comme il les connaît.

N'était-il pas avec vous, en cette journée du 18 décembre, date précise de mon cinquantenaire d'ordination, où une simple indication officieuse, discrètement transmise, suffit à remplir la Basilique de fidèles, désireux d'entendre ma messe et de communier de ma main?

Si sensible et si douce était sa présence invisible que je vois encore couler des larmes que j'ai peiné à retenir moi-même, au seul souvenir des émotions dont vibrèrent toutes nos âmes à la voix du divin Orphée.

N'était-il pas avec vous, quand vous souscriviez, avec tant d'empressement et de générosité, pour l'acquisition de ces ornements dont la splendeur inégalée va être une des richesses artistiques de la Basilique?

Oui, vous pensiez à Lui en pensant à moi; et, si je suis fier de les avoir reçus de vous, je suis plus fier encore de les Lui donner en votre nom.

Merci donc, mes chers amis, de vos sympathies, de vos prières, de vos dons, de votre pieux concours. Merci à tous ceux qui ont secondé de leur mieux le zèle touchant de mes chers vicaires, résolus à faire à leur curé de splendides Noces d'or, et qui y ont réussi au delà de toute expression.

Merci au représentant de Son Eminence, dont le caractère officiel ajoute à son amitié personnelle un témoignage d'auguste bienveillance, auquel je suis particulièrement sensible. Il voudra bien transmettre au chef vénéré du diocèse, en attendant que je le lui porte moi-même, l'hommage de ma profonde gratitude pour la lettre trop élogieuse dont il a voulu honorer mon Jubilé sacerdotal.

Merci à tous les prêtres distingués qui se sont souvenus aujourd'hui qu'ils avaient été mes collaborateurs à Saint-Seurin, et qui ont tenu à se joindre à mes auxiliaires actuels pour cueillir avec eux et avec moi la moisson des joies spirituelles qu'ensemble nous avons préparée.

Merci à tous les représentants de mes ministères antérieurs du collège Sainte-Marie de Saint-André-de-Cubzac, du couvent des Dames de l'Assomption et du Chapitre métropolitain.

Merci à tous les amis dont je suis resté et resterai le fidèle ami.

Merci enfin à tous les directeurs, directrices et auxiliaires des Œuvres paroissiales, trop nombreuses pour que je puisse les nommer toutes. Nous leur avons réservé, et à eux seuls, des places de choix dans cette enceinte : ils sont à la peine toute l'année, ils devaient être à l'honneur aujourd'hui.

En terminant, je tiens à déclarer hautement que si, au cours de ma longue carrière, j'ai offensé ou injustement contristé quelqu'un de mes frères, je lui en demande humblement pardon, fût-il lui-même un humble parmi les humbles.

Et que tous les fronts, inclinés sous le rayonnement de l'ostensoir que je vais tout à l'heure lentement balancer pour atteindre les quatre coins de l'horizon, s'éclairent d'un reflet emprunté à la gloire que sera plus tard leur joie transformée d'aujourd'hui. — Amen.

Les discours qu'on vient de lire, comme la lettre de Son Eminence, resteront dans les Archives paroissiales. Mais il convenait que la Basilique elle-même conservât le souvenir d'une journée qui compte parmi les plus belles de celles qui ont illustré sa longue et glorieuse histoire; et, bientôt, une plaque de marbre, apposée sur ses murs vénérables, portera l'inscription suivante, composée par un habile épigraphiste, ancien éléve de l'École des Chartes.

DIE XVIII DECEMBRIS MCMXXV
EXPLETO ANNO SANCTO
EXPLEVIT ETIAM ANNUM QUINQUAGESIMUM
PRESBYTERATUS SUI
JUBILANTE CLERO PLAUDENTE POPULO
HENRICUS EUGENIUS RAMONET
CANONICUS AD HONORES
ARCHIPRESBYTER INSIGNIS BASILICÆ S[ti] SEVERINI
QUI
ZELO DOMUS DEI ACCENSUS
BEATÆ MARIÆ CULTOR EXIMIUS
OMNIBUS OMNIA FACTUS
BONI PASTORIS SEMPER VICEM GESSIT
UT HŒC DIES HABEATUR IN MONUMENTUM
PAROCHIANI
LÆTO GRATOQUE ANIMO
LAPIDEM ILLUM POSUERE

LE XVIII DÉCEMBRE MCMXXV — A LA FIN DE L'ANNÉE SAINTE — ACHEVA AUSSI LA CINQUANTIÈME ANNÉE — DE SON SACERDOCE — A LA JOIE DU CLERGÉ, AUX APPLAUDISSEMENTS DU PEUPLE — HENRI-EUGÈNE RAMONET — CHANOINE HONORAIRE — ARCHIPRÊTRE DE L'INSIGNE BASILIQUE SAINT-SEURIN — QUI — EMFLAMMÉ DU ZÈLE DE LA MAISON DE DIEU — REMARQUABLEMENT DEVOT A LA BIENHEUREUSE VIERGE MARIE — SE FAISANT TOUT A TOUS — REMPLIT TOUJOURS LE ROLE DU BON PASTEUR — POUR QUE CE JOUR LEUR FÛT UN MÉMORIAL — LES PAROISSIENS — AVEC JOIE ET GRATITUDE — ONT ÉRIGÉ CETTE PIERRE.

LE BANQUET

Entre les deux cérémonies religieuses, M. l'Archiprêtre avait eu l'heureuse pensée de réunir, en un banquet de cinquante couverts, à l'école Saint-Paulin, avec les membres du clergé participant à la fête, MM. les conseillers paroissiaux et les dirigeants ou représentants de toutes les œuvres établies sur le territoire de la paroisse, ainsi que de ses trois ministères antérieurs de professeur, d'aumônier et de chanoine titulaire.

En face de M. l'Archiprêtre, ayant à sa droite M. Paul Glotin, doyen du Conseil paroissial, et à sa gauche M. Georges Barrès, président du Conseil d'administration du Dispensaire catholique Saint-Seurin, prit place M. le Chanoine Giraudin, encadré lui-même de M. Paul Mirc, président de la Conférence paroissiale de Saint-Vincent-de-Paul, et de M. Edouard Bardinet, président du Conseil d'administration de la Société immobilière de la Croix-Blanche.

Dans la salle décorée avec goût, et selon un ordre savamment établi d'ecclésiastiques alternant avec des laïques, on remarquait M. le Chanoine Lelièvre, les RR. PP. Cathalan et Cassagnavère; MM. O. Calvet, Coste, G. Dumas, de Jacquelin-Dulphé, H. Lacaze,

N. Le Barazer, E. Rataboul et X. Ruellan, conseillers paroissiaux ; MM. Sanson, J. Boyreau, Gaussel et H. Bonnet, vice-président, secrétaires et trésorier de la Conférence de Saint-Vincent de Paul ; MM. J. Barrère, P. Joucla et Dr Dijonneau, secrétaire, trésorier et médecin-chef du Dispensaire ; MM. Lemarchand, L. Monier et Pradiers, président, vice-président et secrétaire du groupe paroissial de la Ligue d'Action et de Défense catholique ; le R. P. Pruvost et M. Junca, directeur et président de l'Union catholique des P. T. T. ; M. Germain, président du patronage « Les Vaillants de Saint-Seurin » ; M. Doney, organiste de la Basilique, et M. Marcel Grenié, délégué de la Schola Severina ; MM. E. et A. Labourdette et Dr Guyot, représentants, à divers titres, du collège de Saint-André-de-Cubzac et de l'Assomption.

Nous ne répétons pas les noms de MM. les anciens vicaires et de MM. les vicaires, auxquels il faut joindre cependant ceux de MM. Boulat et Thiringer, prêtres auxiliaires du clergé paroissial.

S'étaient excusés : MM. les chanoines Charrier et Guiet ; M. l'abbé Godet, curé du Bouscat ; M. l'abbé Suberville, vicaire à la Cathédrale de Bazas ; MM. R. Bickel, Darbon, Fortin et A. Girardeau.

Le service fut irréprochable et fait honneur à la Maison Darricau : des vins dignes de la circonstance encadrèrent un menu exquis.

Au champagne, les toasts se succédèrent nombreux,

dans une agréable et parfois pittoresque variété. Nous sommes heureux de pouvoir donner ci-après le texte de la plupart d'entre eux. Tous peuvent d'ailleurs se résumer dans un concert d'éloges adressés à M. l'Archiprêtre, et une affirmation d'affectueuse sympathie pour tout ce qui touche à la paroisse Saint-Seurin.

Toast de M. Paul Glotin

Doyen du Conseil paroissial

MONSIEUR L'ARCHIPRÊTRE,

On m'a demandé de vous adresser le premier la parole, pour vous exprimer les sentiments que tous ici nous ressentons pour vous; c'est là un honneur auquel je suis très sensible, encore qu'il m'effraie quelque peu; mais mon appréhension est bien atténuée, parce qu'il me souvient que, lorsqu'il y a seize ans la confiance de S. E. le Cardinal Andrieu vous appela à diriger la belle paroisse de Saint-Seurin, l'un de vos premiers actes fut ma désignation comme membre du Conseil de paroisse; cette marque de bienveillance et d'affection me toucha profondément.

J'avais le bonheur de vous connaître et de vous apprécier depuis plusieurs années déjà; je savais d'autre part tout le bien que vous aviez fait en ce couvent de l'Assomption, dont vous avez été le dernier aumônier, et quel souvenir reconnaissant ma femme et ses compagnes avaient gardé de votre paternelle direction.

Aussi est-ce avec plaisir que j'acceptai de prendre place parmi ces hommes de bien qui vous entouraient aux jours de fête religieuse et qui, en d'autres temps, avaient plus étroitement participé à l'administration de la paroisse.

Ils étaient sensiblement plus âgés que moi et je ressentais pour eux une respectueuse sympathie. C'est avec une tristesse émue que je revois leurs figures caractéristiques : les Raymond, les Mortier, les Maître, les Degrange-Touzin, les Bassié, les Chaperon, les Barennes et, entre tous, le vénérable M. Demay : ce dernier avait conservé jusqu'à un âge très avancé une activité et une lucidité d'esprit qui en faisaient un collaborateur précieux pour le curé de Saint-Seurin.

Hélas! tous ont disparu; la mort cruelle les a frappés les uns après les autres, et, après eux, d'autres qui les avaient remplacés et qui n'ont marqué que durant trop peu de temps leur place parmi nous; de ceux-ci était Me de Sèze, l'éminent avocat qui m'honorait de son amitié.

Ces vides successifs ont fait que par la force des choses je suis devenu le doyen de votre Conseil de paroisse.

C'est en cette qualité et, permettez-moi d'ajouter, Monsieur l'Archiprêtre, en qualité de vieil ami, que je veux me joindre à tous ceux qui vous ont dit ou vous diront la joie qu'ils éprouvent de participer à la touchante fête de ce jour.

Oui, mes collègues et moi, sommes particulièrement heureux de vous exprimer notre respectueuse affection, que justifient si bien seize ans de ministère paroissial, au cours desquels vous vous êtes prodigué pour être vraiment le Bon Pasteur de l'Evangile.

Vous avez su donner aux fêtes qui se déroulent dans votre vénérable basilique un éclat et en même temps un charme doucement pieux, dignes de ce temple qui a vu s'agenouiller sur ses dalles tant de générations de Bordelais.

Et en même temps vous vous êtes fait tout à tous. Vous vous êtes dépensé sans compter pour faire du bien autour de vous, pour maintenir et développer cet esprit de piété, qui fait de Saint-Seurin la paroisse modèle de notre bonne ville de Bordeaux.

Aussi Dieu vous en récompense-t-il magnifiquement aujourd'hui, en groupant en foule compacte autour de vous tous ces fidèles qui ont voulu vous témoigner leur reconnaissance et leur affection.

Ils ont remercié la Providence de leur avoir permis de célébrer avec vous le cinquantième anniversaire de ce jour inoubliable où vous avez reçu de l'Evêque le pouvoir de consacrer l'hostie sainte et de tenir ainsi entre vos mains le corps adorable de Notre-Seigneur, et ils Lui demandent avec instance de vous conserver longtemps encore à leur tête.

C'est aussi le vœu le plus ardent des membres de votre Conseil de paroisse, qui ne désirent qu'une chose : rendre votre tâche le plus aisée possible.

Et c'est dans cet espoir que je termine, Monsieur l'Archiprêtre, en répétant ces mots que vous disait déjà Son Eminence dans la belle lettre lue ce matin par M. l'abbé Le Barazer : « *Ad multos annos!* »

Toast de M. le Chanoine Giraudin

Supérieur du Grand Séminaire

CHER MONSIEUR L'ARCHIPRÊTRE,

En m'invitant à cette fête si touchante, vous m'avez écrit : « Dans une réunion où je ne compterai que des amis, mais où personne, cependant, n'est invité au titre de l'amitié, je serais heureux de voir l'excellent ami que vous êtes, représenter ce Grand Séminaire auquel j'ai voué une reconnaissance sans bornes ».

Vous permettrez bien au vieil ami de parler le premier, pour vous dire la joie qu'il éprouve. Vous lui permettrez de joindre ses vœux « *ad multos annos* », à tous ceux qui vous ont été déjà exprimés; mais, cette part faite à l'amitié qui ne perd jamais ses droits, laissez le supérieur du Grand Séminaire vous dire, dût en souffrir votre modestie, l'appui moral donné à l'œuvre du Séminaire, par le jubilé sacerdotal que nous célébrons.

« *Exempla trahunt* » : l'exemple est une preuve sans réplique; et c'est un argument sans réplique à donner aux futurs prêtres que nous voulons former, que de leur montrer une vie comme la vôtre, et de leur dire en même temps : voilà ce que valent les enseignements que nous vous donnons, quand on veut être fidèle à les mettre en pratique.

La Providence a permis que vous soyez appliqué à toutes les formes du Ministère sacerdotal : professeur, aumônier, chanoine titulaire, archiprêtre de Saint-Seurin. Dans toutes ces charges diverses, vous avez toujours été le *vrai* prêtre, le prêtre qui se donne sans compter; et Dieu, qui ne se laisse jamais vaincre en générosité, a voulu que partout et toujours votre action fût féconde et bénie.

Oui, une fois encore, merci pour la leçon de choses que vous donnez aux jeunes; merci pour l'argument que vous fournissez à ceux qui travaillent à l'œuvre de la formation cléricale.

Que Dieu vous conservant longtemps encore la jeunesse de cœur et d'esprit que ces cinquante années de labeur n'ont pas entamée, nous puissions dire longtemps encore aux générations à venir : « Regardez! Soyez de bons séminaristes, et vous serez de vrais prêtres ».

Toast de M. le Chanoine Lelièvre

CHER CONFRÈRE ET AMI,

Les cordiales félicitations que je suis heureux de vous offrir, en ces solennités inoubliables de vos Noces d'or, vous seront deux fois agréables, j'en ai la douce confiance.

Elles expriment non seulement les intimes sentiments du condisciple et de l'ami; mais, de plus, par ma voix, vous entendez les vœux d'un Corps vénérable auquel vous êtes particulièrement cher, et qui, malgré votre absence, s'estime honoré de pouvoir dire, sans jamais hésiter : « Il est toujours des nôtres ».

Ainsi parle de vous le Chapitre primatial de Bordeaux

Dès lors, faut-il s'étonner si, dès l'annonce de votre Jubilé sacerdotal et des manifestations splendides qui en immortaliseront le souvenir, spontanément et à l'unanimité, mes très dignes confrères m'ont constitué leur mandataire pour affirmer publiquement que le Corps canonial de l'Eglise métropolitaine s'associe à la filiale allégresse et aux respectueux hommages de votre incomparable paroisse!

A la vérité, nous acquittons une dette de cœur et de gratitude : car, depuis l'époque déjà lointaine où l'obéissance vous contraignit d'abandonner votre stalle capitulaire pour devenir pasteur de la plus illustre de nos basiliques, pas une année ne s'est écoulée sans que votre fraternelle et délicate affection n'invitât un des membres du Chapitre à présider l'une de vos belles fêtes : preuve incontestable que les liens contractés jadis avec nous, loin d'être brisés, demeurent à jamais indissolubles.

Donc acceptez les félicitations et les vœux du Chapitre primatial.

Tous nous demandons à Dieu, que longtemps, que bien longtemps, votre peuple et le clergé du diocèse puissent répéter de vous comme de saint Seurin :

Fit gregis Pastor, Pater atque forma,
Omnium curas levat et labores;
Lætus impendit sua seque :
Cunctis sufficit unus!

« Pasteur, Père et modèle de son troupeau,

» Il vient au secours de tous dans leurs peines et leurs travaux;

» Il donne joyeusement ses biens et soi-même :

» A lui seul, il suffit à tous! »

Peut-être, à certaines heures de rude labeur, serez-vous tenté de songer à la retraite, et redirez-vous avec le vieux Roi d'Israël : « *Remitte mihi ut refrigerer priùsquàm abeam!* Accordez-moi un peu de relâche, avant de m'en aller et de n'être plus! » Non! non! cher confrère, gardez l'étole pastorale! Trop rares, hélas! deviennent les ouvriers du Père de famille! Imitez l'apôtre saint Jean. Il attendit d'être vieillard, presque centenaire, pour écrire son Evangile et ses Epîtres. Et l'on n'a point taxé d'infériorité ce quatrième et tardif évangéliste.

Donc, cher confrère et ami, au nom du Chapitre primatial et en mon nom personnel, je vous redis de tout cœur le souhait traditionnel qui, si souvent, aujourd'hui, vous est adressé : « *Ad multos et faustissimos annos!* »

Toast de M. Paul Mirc

Président de la Conférence de Saint-Vincent de Paul

Messieurs,

C'est le défilé des débiteurs qui continue! Après les discours que nous avons entendus à huit heures, à dix heures, et à l'instant même, c'est un grand acte d'humilité que je vais faire en vous lisant mon papier. Mais vous pouvez reprendre vos conversations particulières, car c'est à M. l'Archiprêtre seul que je vais m'adresser.

Monsieur l'Archiprêtre,

Lorsque, le 17 décembre 1875, j'assistais pour la première fois à l'émouvante cérémonie d'une ordination sacerdotale dans la vieille chapelle de l'ancien Grand Séminaire, j'étais loin de penser que parmi les jeunes ordinands se trouvait le futur curé de Saint-Seurin, et que j'aurais un jour l'honneur et la joie de lui offrir les hommages de la Conférence de Saint-Vincent de Paul de Saint-Seurin, à laquelle j'appartiens depuis cinquante-quatre ans, et dont je suis, depuis trente et un ans, le trop peu digne président... *provisoire*.

Il me faut bien rappeler ces titres et les devoirs qu'ils me tracent, pour que j'ose élever la voix devant cette imposante assemblée.

J'aurais grand plaisir, Monsieur l'Archiprêtre, à rappeler les témoignages de sympathie personnelle que vous m'avez plusieurs fois donnés, les délicates attentions et les aimables prévenances dont j'ai été l'objet de votre part; mais je ne dois point oublier que ce n'est pas une dette personnelle que je viens acquitter, et que je parle au nom de mes confrères présents ou absents.

Mais, absolument étranger à l'art oratoire, et sans ressources littéraires, où trouverai-je les mots pour exprimer ma pensée? Un seul se présente à mon esprit avec une obsédante obstination; c'est un des premiers qu'on enseigne aux tout petits enfants qui ne savent pas encore parler.

Je n'aurai garde de l'écarter, ce mot, car aucun ne me paraît plus exact et plus propre à résumer les sentiments qui se pressent dans nos cœurs en ce jour d'allégresse générale.

D'autres, parmi vos éminents convives, se sont faits et se feront encore nos interprètes pour louer, comme ils le méritent, le prêtre, le professeur, l'archiprêtre. Quant à moi, vénéré Pasteur, je me bornerai à vous dire *merci!*

Merci, pour l'honneur que vous faites à notre Conférence en faisant asseoir son Président à cette place enviée, à côté de M. le Vicaire général;

Merci, pour la protection bienveillante que vous étendez sur notre œuvre;

Merci, pour les facilités que vous nous laissez de quêter à la porte de la Basilique et dans les rangs des fidèles;

Merci, pour l'hospitalité que vous nous accordez chaque semaine dans une de vos belles écoles, et parfois dans votre grande salle paroissiale;

Merci, pour le plaisir que vous nous avez procuré en nous chargeant de distribuer cette semaine, à nos assistés, une belle aumône à l'occasion de votre Jubilé. Délicate surprise qui les a profondément touchés, et dont ils vous sont, je vous l'assure, sincèrement reconnaissants;

Merci,... mais je m'arrête, car je n'ai plus de souffle, et je veux encore vous dire, Monsieur l'Archiprêtre, que nous attachons le plus haut prix à vos encouragements, et que c'est toujours avec respect et soumission que nous écoutons vos avis; car si nous sommes une société de laïcs, nous ne sommes pas une société *laïque* dans le sens impie donné à ce mot. Ce sont donc d'humbles catholiques, sincères et dociles, qui vous offrent par ma voix leurs félicitations et leurs souhaits, et qui demandent à Dieu qu'Il daigne continuer à bénir votre apostolat, et maintenir longtemps encore à la tête de sa chère paroisse le bon pasteur dont elle-même est si fière.

Toast de M. Georges Barrès

Président du Conseil d'administration du Dispensaire catholique Saint-Seurin

---

MONSIEUR L'ARCHIPRÊTRE,

Dans la lettre admirable dont, ce matin, nous avons entendu la lecture, Son Eminence le Cardinal Archevêque de Bordeaux, en termes émouvants, rappelle le rôle si profondément bienfaisant qu'avec tant de délicatesse et de cœur vous jouez dans cette paroisse, comme aussi l'affection unanime dont vous y êtes entouré.

Peut-être Son Eminence s'est-elle souvenue de notre conversation récente. En effet, au cours de la visite protocolaire que je rendais ces derniers jours au Cardinal pour lui présenter mes devoirs à l'occasion de mon élection à la présidence de la Chambre de commerce, à laquelle Son Eminence a toujours témoigné tant d'égards, — nous définissions d'un mot ce que vous êtes ici pour nous : M. le Chanoine Ramonet est devenu l'ami de chacun de ses paroissiens.

Pour ma part, je ne peux oublier, Monsieur l'Archiprêtre, un souvenir personnel que votre cœur de pasteur ne saurait s'étonner de me voir évoquer ici. En mai 1910, quelques jours à peine après votre installation, je venais vous demander d'assister mon père gravement malade. Grâce à vous, cet honnête homme, réconcilié avec Dieu, nous a quittés dans la sérénité d'une âme tranquillisée sur son sort. C'était vos débuts dans la paroisse et dans ma famille. Plus tard, durant la guerre, votre paternelle sollicitude s'ingéniait presque journellement à trouver des raisons pour soutenir le courage des miens torturés parfois d'inquiétudes!

De tout ceci, Monsieur l'Archiprêtre, de bien d'autres choses encore, et parce que chacun de nous pourrait ici évoquer semblables témoignages de votre amitié, nous vous gardons une profonde gratitude.

Mais ce qui symbolise le mieux votre perpétuel souci de soigner les âmes et de faire le bien autour de vous, c'est la création, par vos soins, de cette magnifique institution qu'est le Dispensaire catholique Saint-Seurin.

Notre Conseil d'administration, fier d'avoir collaboré à cette œuvre, à laquelle un secours généreux, manifestation évidente de la dilection providentielle, a permis de donner un merveilleux développement, notre Conseil d'administration, dis-je, vous exprime, au nom des malades et des affligés que, grâce à votre initiative, nous pouvons secourir matériellement et spirituellement, des sentiments de reconnaissance dont je suis heureux d'être aujourd'hui l'interprète.

Nous nous joignons à tous ceux qui vous aiment, nous qui vous sommes profondément attachés, pour nous souhaiter à nous-mêmes que vous poursuiviez une longue et belle carrière, à la tête de votre incomparable paroisse, la plus belle de notre ville.

Messieurs, je vous invite à lever vos verres en l'honneur de M. le Chanoine Ramonet, archiprêtre de Saint-Seurin.

Toast de M. Lemarchand

Président du Comité paroissial d'Action et de Défense catholique

---

MONSIEUR L'ARCHIPRÊTRE,

On assure que vous célébrez aujourd'hui vos Noces d'or sacerdotales, ce qui signifie que vous avez réalisé cette chose prodigieuse, merveilleuse, d'être pendant cinquante années — un demi-siècle — le prêtre qui monte chaque jour à l'autel pour y faire descendre Dieu !

Il m'est difficile de ne pas croire à la réalité de cette fête ! J'ai vu, ce matin, la vieille et chère Basilique tapissée de velours, parée de fleurs, éclatante de lumières ; j'ai contemplé tout un peuple attendri se pressant en foule sous les voûtes séculaires, et je vous ai regardé, Monsieur l'Archiprêtre, marchant, dans la joie de votre cœur, vers le sanctuaire, *votre* sanctuaire, sur un chemin tout jonché de feuillages... Les cloches sonnaient... les orgues chantaient... Oui, c'était une fête triomphale et rare, que seules pouvaient justifier les Noces d'or du plus vénéré et du plus aimé des pasteurs !

Et cependant, Monsieur l'Archiprêtre, s'il arrive de se représenter un prêtre parvenu à cette journée jubilaire du Cinquantenaire, je puis vous affirmer qu'on ne l'imagine pas tel que vous. On pense à quelque doux vieillard, avançant à pas lents, levant vers le ciel un visage couronné de boucles très blanches, et semblant demander la grâce de déposer enfin son fardeau.

Est-il portrait qui vous ressemble moins ?

Vous gouvernez la plus belle paroisse de Bordeaux. Je le dis hautement et sans fausse modestie, parce que c'est vrai, n'est-ce pas, Messieurs? la plus belle par la piété, la charité, l'esprit religieux! Les œuvres de bien y sont nombreuses, et justement parce que les bonnes volontés ne se comptent pas : œuvres de prière, œuvres d'assistance, œuvres d'enseignement. Or, vous êtes partout, Monsieur l'Archiprêtre, attentif, diligent et bon, animant, soutenant, communiquant à tous ce feu qui vient de votre cœur. Vous occupez le centre de ce soleil de bienfaisance dont la chaleur et la flamme s'étendent sur tout le sol paroissial. Autour de vous, comme dans un midi très chaud, tout vit, tout vibre et tout chante...

Un jour, il y a de cela une année, comme si tous ces rayons dont vous êtes la source n'étaient pas assez nombreux pour répandre tout votre feu... sacré, c'est le mot, voilà qu'un nouveau champ se révèle qui va solliciter encore de vous sa part de lumière et de vie.

Les libertés religieuses ont été menacées par de mauvais Français, prêts à immoler leur pays à leur secte. Il faut parer au danger. Un mot d'ordre court, vole : que les catholiques se lèvent et prennent leurs formations de combat!

Et il est décidé que ces soldats du Christ doivent d'abord se compter sur le terrain de la paroisse, et que c'est à l'ombre de leur clocher qu'ils bivouaqueront, en attendant l'heure de la bataille possible.

La levée et le commandement de ce régiment, c'est une tâche écrasante, parce qu'elle vient s'ajouter à tant d'autres! Elle vous trouve prêt, Monsieur l'Archiprêtre, prêt,... que dis-je? C'est enthousiaste qu'elle vous prend.

Quand beaucoup hésitent encore, vous partez; vous réunissez autour de vous quelques hommes, qui n'ont d'autre mérite que leur bonne volonté : ils vont constituer la cellule première du grand organisme qu'il faudra former. La Ligue d'action et de défense catholique est fondée, et son humble président, qui a l'honneur de vous parler à présent, a le devoir de proclamer, avec ses camarades du Comité qui, comme lui, vous ont vu à l'œuvre, l'admiration profonde et la reconnaissance ardente à laquelle vous avez droit. Vous avez méprisé toutes les fatigues avec une bonne humeur étonnante; vous avez donné les consignes, vous avez ouvert les chemins, vous avez approuvé les initiatives les plus hardies... Votre première récompense, la voici : en ce jour de vos Noces d'or, mille huit cents ligueurs se serrent autour de vous, sous les vieilles murailles solides de la forteresse Saint-Seurin.

Cette légion, nous savons que vous la commanderez, Monsieur l'Archiprêtre, avec ce même enthousiasme que vous aviez au cœur quand vous l'avez formée...

Ah! Monsieur l'Archiprêtre, vous êtes notre jeune chef; dites au Comité de la Ligue, que vous célébrez aujourd'hui vos Noces d'or! il le croira sans doute, mais laissez-lui croire aussi que vous les célébrez à trente ans!

Je lève mon verre, Monsieur l'Archiprêtre, en l'honneur de cette vivante et féconde jeunesse, et pour qu'elle mêle encore son éclat si brillant aux feux des diamants de vos noces prochaines.

Toast de M. l'abbé Depont

Curé-Doyen de Langon

La fête qui groupe autour de votre auguste personne la belle et pieuse paroisse de Saint-Seurin, a ramené à votre table ceux qui eurent la bonne fortune d'être vos vicaires. Puisqu'ils sont tous ici, veuillez leur permettre de vous offrir les vœux de bonheur qu'ils forment pour vous.

En ce moment, les plus doux souvenirs s'éveillent dans nos

cœurs : souvenir d'une collaboration toujours facile et toujours cordiale; souvenir de vos exemples, de votre vie toute surnaturelle, toute pleine de Dieu, souvenir de votre exquise amabilité, de votre paternelle sollicitude et de votre attachante bonté; souvenir des services que vous nous avez rendus et que nous n'oublions pas.

A votre école, nous avons appris à gouverner nos vies et nos paroisses. Fiers d'avoir servi sous vos ordres, reconnaissants de l'affectueuse sympathie que vous n'avez cessé de nous témoigner, nous demandons à Dieu de vous donner force et santé, et de vous rendre pleinement heureux : heureux dans la maison curiale, avec de charmants vicaires faits sur le modèle de ceux qui partagent actuellement vos labeurs, heureux dans la conduite de vos œuvres, avec l'élite qui vous prête un concours si actif, si intelligent et si dévoué; heureux dans la compagnie de vos ouailles dont on dit qu'il n'en existe pas de meilleures, de plus disciplinées, de plus pieuses.

Monsieur l'Archiprêtre, longue vie et bonheur parfait!

Toast du R. P. Cathalan

Depuis de longues années, grâce aux archiprêtres de cette paroisse, se trouve réalisée dans la Basilique entre les deux clergés, séculier et régulier, l'union la plus parfaite.

On voit successivement monter dans sa chaire et parler à ses grands auditoires, avec les meilleurs orateurs de nos diocèses de France, les religieux des principaux Ordres.

Ses confessionnaux leur sont ouverts d'une manière permanente. Pour ne parler que des disparus, les paroissiens de Saint-Seurin ont gardé un souvenir ineffaçable du P. Gonzague, religieux Carme, et du P. Forestier, de la Compagnie de Jésus.

Cette collaboration étroite et permanente n'a pas nui à Saint-Seurin : nulle paroisse à Bordeaux ne la dépasse, ni par l'affluence des fidèles, ni par la fréquentation des sacrements. Je laisse à d'autres le soin de louer l'ampleur et la majesté de ses cérémonies, et la belle harmonie dont emplissent la Basilique ses orgues et sa Schola si artistiquement dirigée.

Sans doute, ces magnifiques résultats sont dus à l'intelligence et au zèle de ses archiprêtres, qui, avec MM. les vicaires, ont su utiliser toutes les bonnes volontés et se dépenser sans compter pour maintenir et fortifier l'esprit chrétien et la ferveur des paroissiens.

Vous avez continué et développé, Monsieur l'Archiprêtre, l'œuvre de vos prédécesseurs et rendu même plus étroite la collaboration des religieux dans la paroisse.

Je me rappelle avec bonheur le jour où, résidant à Pau, après la fermeture de nos collèges, je fus désigné par mes supérieurs pour venir occuper dans votre église le confessionnal du P. Forestier. Ils ne pouvaient m'annoncer une destination plus agréable et ne se doutaient pas que, depuis l'époque où j'étais devenu votre aide au couvent de l'Assomption, vous aviez voulu m'honorer de votre cordiale amitié.

Je ne puis que vous remercier du bon accueil et des sympathies que j'ai rencontrés dans votre église et du travail que j'y ai trouvé. Car, à cette époque, le travail était rare pour les religieux chassés des collèges.

Aujourd'hui, en cette belle fête qui rappelle le bien fait en cinquante années d'un sacerdoce si fécond, je m'associe à la joie de toute la paroisse, dont en réalité je fais partie; et au nom de la Compagnie de Jésus que j'ai l'honneur de représenter ici, au nom de cette profonde amitié qui n'a fait que croître avec les ans, je suis heureux de vous apporter, avec les miens, les remerciements et les félicitations de mes confrères et leurs vœux de prospérité. *Ad multos annos!*

Le R. P. Cassagnavère exprime, au nom des Frères Prêcheurs, des sentiments analogues avec le même accent de profonde gratitude et d'affectueuse déférence. Enfin, M. le curé du Teich, qu'on eût regretté de ne pas entendre, clôt la série des toasts par une savoureuse improvisation.

Toast de M. l'abbé Capgras

Curé du Teich

Monsieur l'Archiprêtre,

Je ne puis pas me taire. Une ambiance pareille, un aréopage d'élites, des agapes somptueuses, cela donne la parlotte. Et puis, que de prônes dans la vie vicariale; il n'y a jamais eu moyen d'en esquiver un seul avec vous.

On nous a traités parfois d'enfants terribles, mais, il n'en est pas moins vrai que pour nous remplacer, il n'a fallu rien moins qu'un secrétaire de Son Eminence le Cardinal, un musicien émérite, et un prêtre qui avait déjà fait ses preuves pendant neuf ans dans une autre paroisse.

On nous a reproché de nous être trop attachés à Saint-Seurin; c'est ne pas connaître la valeur réelle de cette paroisse unique. Comment se déprendre facilement de la vieille Basilique et de ses fêtes, des trésors de pierre et des joyaux d'âmes qui la peuplent? Comment se déprendre d'une population qui se dresse aujourd'hui tout entière pour apporter les gerbes de ses prières et de sa foi, de ses sympathies et de sa reconnaissance, à son Pasteur, le prêtre de Jésus-Christ? Faut-il ajouter, Monsieur l'Archiprêtre, que nous étions bien heureux sous votre houlette? Tenez, entre vous et nous, il y a de l'inoubliable.

On a exalté la finesse de votre esprit, votre talent d'écrivain, c'est bien; mais quel plaisir d'entendre tout à l'heure M. Barrès dépeindre, avec une émotion contenue qui en disait long, la délicatesse de votre cœur! Encore, il ne pouvait pas tout dire. Il faut avoir vécu comme nous dans votre intimité, pour connaître tous les replis de ce cœur. De combien de conversions n'avons-nous pas été les témoins émus! C'est avec le cœur, plus qu'avec l'esprit, que se fait la conquête des cœurs; et la première de vos conquêtes a été la nôtre. Ce n'est peut-être pas si facile que cela. Et vous aviez si bien réussi, que, pour ma part, je ne vous aurais jamais quitté.

Pourtant, il a fallu partir. La présence des soldats est nécessaire sur toutes les frontières. Il en faut à Langon, à Arcachon, jusqu'au Lycée. Il en faut surtout, M. Ferbos et M. Pellot seront de mon avis, au front de ces champs de bataille qui s'appellent nos paroisses de campagne, dont les états-majors les plus avisés ne soupçonnent pas tous les méandres, ni tous les fils barbelés.

Eh bien! partis, soit. A plein cœur à notre nouvelle besogne! Avec l'armature forgée à votre école, nous espérons même réussir. Mais je vous le déclare, Monsieur l'Archiprêtre, nous reviendrons souvent à Saint-Seurin jouir de vous et de votre paroisse de rêve. Cela, jusqu'à votre centenaire. Je lève mon verre à vos Noces de diamant.

M. André Fortin, président de la Société des Anciens élèves du Collège Sainte-Marie de Saint-André-de-Cubzac, empêché d'assister au banquet, avait envoyé une lettre qui trouve ici naturellement sa place.

Lettre de M. A. Fortin

Président de la Société des Anciens élèves du Collège Sainte-Marie de Saint-André-de-Cubzac

---

MONSIEUR L'ARCHIPRÊTRE,

Je tiens à vous remercier de l'aimable pensée que vous avez eue d'associer la Société des anciens élèves du collège de Saint-André-de-Cubzac à la joie de votre jubilé sacerdotal, en conviant son président à cette belle solennité. Hélas! il ne m'est pas possible de me trouver auprès de vous en cette fête familiale, et je dois confier à cette lettre les paroles que j'aurais été si heureux de vous dire de vive voix.

Vous occupez dans notre Société, Monsieur l'Archiprêtre, une place priviligiée, et nous sommes doublement liés à vous, puisque vous êtes à la fois un ancien élève et un ancien professeur. Vous avez quitté le collège pour le séminaire et, après votre ordination, vous êtes revenu prêtre dans ce collège où l'on n'avait point oublié vos succès d'écolier. Tous ceux qui, comme moi, ont eu l'honneur de vous avoir pour professeur joignent à la sympathie qu'ils ont naturellement pour un ancien camarade, une profonde et affectueuse vénération pour leur ancien maître. C'est en leur nom, Monsieur l'Archiprêtre, que je viens vous offrir, à l'occasion de votre jubilé sacerdotal, des compliments respectueux et des vœux cordiaux.

En ce jour où vous passez en quelque sorte votre vie en

revue, nous voulons être au premier rang, comme des témoignages vivants de vos vertus et de vos mérites. Que Dieu vous rende tout le bien que vous nous avez fait, c'est notre souhait le plus cher.

Veuillez agréer, Monsieur l'Archiprêtre, l'hommage de mes sentiments très respectueusement affectueux.

A. FORTIN.

Tous ces toasts, si conformes à la pensée et aux sentiments de l'assistance, recueillirent d'unanimes applaudissements.

M. l'Archiprêtre, qui notait d'un crayon attentif les noms des orateurs et l'ordre suivant lequel ils parlaient, se leva à son tour pour leur répondre. Mais sa montre, opportunément consultée, lui fit comprendre qu'il n'aurait jamais le temps de prononcer dix allocutions, si brèves qu'elles fussent, avant l'heure des vêpres qui approchait. Il se borna donc à quelques mots aimables voltigeant d'un convive à l'autre, et dont la spirituelle cordialité fut grandement appréciée de tous.

Après quoi, on quitta la table, pour se rendre à la Basilique, dont l'office vespéral commença exactement à l'heure fixée.

Dans une réunion plus intime, une ancienne élève de l'Assomption, inspirée par la Muse paternelle, dit avec autant de charme que de finesse les vers qu'on veut bien nous permettre de transcrire. Nous ne saurions donner à notre compte rendu une plus heureuse conclusion.

Le Songe d'une Enfant de l'Assomption

Permettez que d'un songe étrange
Je vous entretienne un moment.
C'était l'autre nuit. Par mon ange
Transportée en plein firmament,
J'aperçus, baigné de lumière,
Saint Seurin, aux pieds du Seigneur,
Qui prononçait cette prière,
Les mains jointes, avec ferveur :

« Mon Dieu! vous savez que, sur terre,
» En un prestigieux décor,
» Dans une église qui m'est chère,
» On célèbre des Noces d'or.
» Une paroisse est en liesse;
» Et quelle paroisse! Seigneur!
» Elle chante avec allégresse
» Les louanges de son Pasteur.
» Mais vous savez beaucoup mieux qu'elle
» Ce qu'il a fait pour vous, mon Dieu :
» Avec quel amour et quel zèle,
» Il a décoré le saint Lieu.
» Grâce à lui, dans le sanctuaire,
» Les lustres, plus étincelants,
» Et la croix, versent leur lumière
» Sur l'autel aux marbres plus blancs.

» Comme aux plus belles cathédrales,
» De nouveaux tapis, sur les dalles;
» Aux ogives, d'autres vitraux;
» Et, tranchant sur les murs antiques,
» De magnifiques mosaïques
» Immortalisent nos héros.
» Les orgues, qu'on croyait usées,
» Ont recouvré leurs jeunes voix,
» Et, plus vibrantes qu'autrefois,
» Les cloches sont... électrisées.

» Et qui donc pourrait dénombrer,
» Dans cette paroisse si belle,
» Toutes les œuvres que son zèle
» Sait faire vivre et prospérer :
» Ecoles libres, patronages,
» Ouvroir au travail assidu;
» Asiles saints, où la vertu
» Se garde, à l'abri des orages.
» Dispensaire où la charité
» Donnant la main à la science,
» Avec largesse, à l'indigence
» Fait l'aumône de la santé.
» Et cette *Schola Séverine,*
» Dont les accents mélodieux
» Semblent s'élever jusqu'aux cieux,
» Comme un écho de la « Sixtine ».
» Aussi, dans l'élan de son cœur,
» Cette paroisse tout entière,
» En ce jour de cinquantenaire,
» Exalte-t-elle son Pasteur.

» Mais si, par un don magnifique,
» Elle exprima tout son amour,
» Moi, patron de la Basilique,
» J'en voudrais faire un, à mon tour.
» Aussi, mon Dieu, je vous supplie
» De vouloir bien, non seulement
» Que le cours de sa belle vie
» Se prolonge... indéfiniment;
» Mais que, par faveur signalée,
» Il devienne vieux... sans vieillir,
» Gardant toujours, sans défaillir,
» Sa jeunesse renouvelée! »

Ayant ainsi mis tout son cœur
Dans l'exposé de sa requête,
Le saint comprend que le Seigneur.
A dire le « fiat » s'apprête.
Mais il attend : car il sait bien
Que le Bon Dieu n'accorde rien
A ses fidèles, sur la terre,
Sans faire approuver la prière
Par la douce Reine des cieux.
Et voici, qu'en effet, ses yeux,
Se tournent soudain vers sa Mère...
Et le saint, plein d'émotion,
A cette interrogation
D'un regard que l'amour inspire,
Voit répondre par un sourire,
La Vierge... de l'Assomption!

C'est là que mon récit s'achève!
Oh! sans doute, ce n'est qu'un rêve,

Et rêve, dit-on, est trompeur.
Pourtant, voyez ce qui m'arrive .
Je sens qu'à ce rêve enchanteur,
Dût-on me traiter de naïve,
Eh bien! je crois de tout mon cœur!...

M. G.

12 Janvier 1926.

Bordeaux. — Imp. F. Pech, 7, rue de la Merci

www.ingramcontent.com/pod-product-compliance
Ingram Content Group UK Ltd.
Pitfield, Milton Keynes, MK11 3LW, UK
UKHW022131260726
13993UKWH00003B/1373

9 782329 527956